Organ Sonatas

Alexandre Guilmant

Edited by A. Eaglefield Hull

DOVER PUBLICATIONS, INC.
Mineola, New York

Bibliographical Note

This Dover edition, first published in 1999, is a new compilation of five of the eight works originally published separately by B. Schott's Söhne, Mayence [Mainz]-Leipzig, under the group title *Sonates pour Orgue, Nouvelle Edition par A. Eaglefield Hull:* Sonatas Nos. 1–4, copyright 1912; Sonata No. 5, copyright 1895 by Alex. Guilmant, 1913 by B. Schott's Söhne.

We are indebted to the Sibley Music Library, Eastman School of Music, for making these scores available to us.

International Standard Book Number

ISBN-13: 978-0-486-40620-6
ISBN-10: 0-486-40620-2

Manufactured in the United States by Courier Corporation
40620204
www.doverpublications.com

CONTENTS

Guilmant's eight organ sonatas were composed between 1874 and 1909.
Notes by and about editor Arthur Eaglefield Hull appear on p. v.

NOTE

The eight sonatas of Guilmant may well lay claim to classical rank. Originally conceived for the French organs of Cavaillé-Col, they are sufficiently broad in conception as to lose little, if anything, in their interpretation on English and American instruments. At the time of their composition [1874–1909] they brought to the king of instruments a new sense which had been too little cultivated by organists.

Gifted melodist, facile harmonist and finished constructionist as Guilmant undoubtedly was, it was organ tone and organ color preeminently which inspired him to give of his best. Versatile in fancy as well as fluent in the technique of composition, he did for the organ fugue what Mendelssohn effected for this form on the piano.

During the quarter of a century in which Guilmant occupied himself with the writing of these sonatas, immense strides have been made in organ technique, in accordance with general musical progress. Naturally more is expected now of the player as well as of his instrument. In adding the various marks indicative of phrasing, touch, footing, etc., the editor has as far as possible founded them on the renderings by the much-lamented master himself and on those of his many distinguished pupils.

The "footing" indications above the pedal part apply to the right foot; those below, to the left. The appearance of slurs within a slur may seem self-contradictory to some, but it has the authority of the composer in addition to such well-known editors and arrangers as Straube, Reger, and Karg-Elert.* For, instance, the phrasing of the second Trio of the Fourth Sonata [p. 79] is given exactly as the composer marked it, such subdivisions of the phrase being much more subtly shown than the "breaking off" of the tone for the chief phrases and sentences.

A. Eaglefield Hull*
[1912]

*Editor **Arthur Eaglefield Hull** (1876–1928) was founder of the British Music Society (1918), and author of the *Dictionary of Modern Music and Musicians* and of *Modern Harmony, Its Explanation and Application,* in addition to extensive analyses of the music of Beethoven and Scriabin.

Karl Straube (1873–1950)—who championed the music of Max Reger—served as organist, and later as Kantor, at the Thomaskirche, Leipzig. Known widely as "der Organistmacher," Straube trained and guided numerous church musicians and organists.

Sigfrid Karg-Elert (1877–1933), piano virtuoso and prolific composer of works for that instrument, was a close friend of Grieg, Busoni and of Reger (whom he succeed on the faculty of the Leipzig Conservatory)—all of whom promoted his music widely. "Although Karg-Elert came late to the organ, it was for this instrument that his greatest works were to be written. These explore the organ to its limits and often require highly original registrations and playing techniques." *(Grove)*

1ᵉʳᵉ SONATE

Symphonie

en Ré mineur

(in D minor)

Op. 42

·◄·○◇○·►·

I

INTRODUCTION

et

ALLEGRO

SOLO: *Reeds.*
SW: *Full (opened).*
GT: *Full.*
CH: *Soft 8 and 4.*
PED: *Full.*
COUP: *Sw. to Gt*
Sw. to Ch.
Gt. to Ped.

SOLO ou BOMBARDE: Jeux d'anches.
RÉCIT: Bourdon, Flûte harm. Gambe, Hautb. Basson
de 8 P. Trompette, Clairon.
POSITIF: *p* Jeux doux de 8 et 4 P. *f* Anches.
Gᵈ ORGUE: *f* Tous les fonds. *ff* Grand Chœur.
(Tous les claviers accouplés au Gᵈ O.)
PEDALE: *p* Jeux de fond. *ff* Anches. Tirasse du
Gᵈ O.

★) On obtient ces accords détachés en mettant et en retirant
l'accouplement ou la pedale des anches du *Solo,* ou du cla-
vier *Bombarde.*

★) *These detached chords are obtained by coupling and un-
coupling the* Solo *to* Great *by means of a pedal coupler.
(Where the coupling is effected by a draw stop, an assistant
will be necessary to use the stop as indicated.*

1

2   *First Sonata, Op. 42*

Allegro ($\d = 96$)

*) *Not to be restruck.*

II
PASTORALE

SW: *Oboe 8. (Box open).*
GT: *Clarab., Gamba 8.*
CH: *Harm. Fl. 8, Clarinet 8.*
PED. *16 and 8 Fl. unc.*
COUP: *Sw. to Gt*

RÉCIT: Hautbois-Basson de 8 P.
POSITIF: Flûte harmonique et Clarinette de 8 P.
Gd ORGUE: Bourdon et Gambe de 8 P. (Récit accouplé)
PÉDALE: Bourdons de 16 et 8 avec Violoncelle de 8 P.

Andante quasi Allegretto ($\bullet\!\!\!\!=80$)

Clarinette
Clarinet

Mettez la Clari-
nette au Positif.
add Clar. to Ch.

Ôtez la Voix humaine et le
Bourdon au Récit, ainsi que le
Tremblant, mettez le Hautbois.

Ôtez le 32 P.

32. Ft in

*Sw. Vox humana Stop. Diap. and
Trem. in; Draw Oboe, Box open.*

III
FINAL

SOLO: Reeds.
SW: Flues, Reeds.8.4.2.
GT: Full (Nº 16).
CH: 16.8.4.
PED: Full.
COUP: Sw. to Gt
      Sw.to Ch.
      Gt to Ped.

SOLO ou BOMBARDE: Anches.   et Octavin.]
RÉCIT: Jeux de fonds de 16,8 et 4 P. Trompette, Clairon]
POSITIF: Jeux de fonds de 16,8 et 4 P. (Anches préparées)
Gᵈ ORGUE: *p* Jeux de fonds de 16 et 8 P. *ff* Trompette et
    Clairon, claviers accouplés sur le G.O.
PÉDALE: *p* Jeux de fonds de 32,16 et 8 P. *ff* Anches.

Ôtez l'accoupᵗ du Récit,
les anches du Gᵈ. O. et
de la Pédale; fermez la
boîte du Récit, Tirasses
du Gᵈ. O. et du Récit.

*Prepare Gt: Soft Flue,
8.(uncoup.) Ped to Gt
and Sw. (Box Closed.)*

G.O. *p*

Ôtez la Tirasse du Récit et du Gᵈ. O.

Gt. and Sw. to Ped. off.

Dedicated to Lady Harriet M.C.Carbery

2de SONATE
en RÉ Majeur
(in D major)
Op. 50

SW: to Oboe.
GT: 16.8.4.
CH: 8.4.
PED: 16.8.
COUP: Sw. to Gt.
 Sw. to Ch.
 Gt. to Ped.

RÉCIT: Fonds de 8 et 4 P. avec Hautbois-Basson
de 8 P. (Trompette préparée).
Gd ORGUE: Fonds de 16,8 et 4 P. Récit accouplé.
PÉDALE: Flûtes et Bourdons de 16 et 8 P.
Tirasse du Gd O.

I

ajoutez la Trompette du Récit.
Sw add Cornopean

*) Ces petites notes ne doivent servir que pour les pédaliers ne montant que jusqu'au *Ré*.

*) *These small notes ought to be played only upon Pedals which do not go above* D.

34   *Second Sonata, Op. 50*

II

SWELL: *Voix celestes & Gamba 8 F!*
CHOIR: *Voix celestes & Dulciana 8 F!*
PEDAL: *Sub-bass 16 F! Violone 16 F!*
Violoncello 8 F!
COUP: *Sw. to Gt.*

RÉCIT: Voix célestes et Gambe de 8 P.
POSITIF: Unda maris et Salicional de 8 P.
Récit accouplé.
PÉDALE: Soubasse de 16 P. Violon de 16 P.
Violoncelle de 8 P.

III

SW: *Flues, Reeds, 8.4.*
GT: *Full.*
CH: *8.4.*
PED: *Full.*
COUP: *Sw. to Gt.*
    Sw. to Ch.
    Gt. to Ped.

RÉCIT: Fonds et Anches de 8 et 4 P.
POSITIF: *f* Anches. *p* Fonds de 8 et 4 P.
Gᵈ ORGUE: *ff* Grand chœur, tous les claviers
            accouplés, *f* Fonds de 16, 8 et 4 P.
PÉDALE: *ff* Grand chœur. *f* Fonds de 16
        et 8 P.

ôtez les anches du G.^d O.

G.^t Reeds in.

3ᵉ SONATE

in UT mineur
(in C minor)

Op. 56

SOLO: *Tubas.*
SW: *Full.*
GT: *Full.*
CH: *Fl. 8, 4.*
PED: *Full.*
COUP: *Sw. to Gt.*
     Sw. to Ch.
     Gt. to Ped.

I
PRELUDIO

Grand Choeur
Tous les claviers
accouplés

49

II
ADAGIO MOLTO

SW: *Céleste, 8.*
GT: *String-tone, 8.*
CH: *Célestes, Dulc. 8.*
PED: *Soft 16, 8.*
COUP: *Sw. to Gt. Ch. to Gt.*
    Sw. to Ch. Sw. to Ped.

RÉCIT: Voix célestes et Gambe de 8 P.
POS: Unda maris et Salicional de 8 P.
    Récit accouplé.
Gd O: Gambe de 8 P. Récit et Positif ac-
    couplés.
PED: Soubasse de 16 P. et Violoncelle
    de 8 P.

Third Sonata, Op. 56 55

III
FUGA

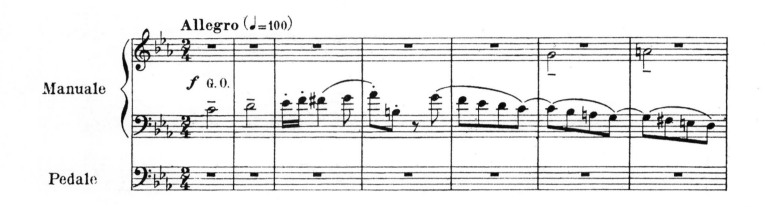

SW: *Full.*
GT: *Full Flues.*
PED: *Full Flues.*
COUP: *Sw. to Gt.*
      Gt. to Ped.

Gd. Chœur.
Recit. et Pos.
accouplés

Manuale

Pedale

Allegro maestoso e con fuoco

à mon ami Émile Bernard

4ᵉ SONATE

en RE mineur
(in D minor)

Op. 61

I
ALLEGRO ASSAI

SW: *8, 4, with Cornopean. (Box closed.)*
GT: *Soft 16, 8, 4, p*
CH: *Fl. 8, 4,*
PED: *Full with Reeds.*
COUP: *Sw. to Gt.*
     Ch. to Gt.
     Gt. to Ped.

RÉCIT: **Fonds de 8 et 4 P. Trompette (Boîte fermée.)**
POS: **Fonds de 8 P, Flûte douce de 4 P. (Trompette**
     et Clairon préparés)
Gᵈ O. *p* **Fonds de 16, 8 et 4 P.** *ff* **Grand chœur.**
     (Récit et Positif accouplés au Gᵈ O.)
PÉD. *p* **Fonds de 16 et 8 P.** *ff* **Anches.**

II
ANDANTE

SW: *Diap, Ged. Oboe, 8. p.*
GT: *Clarabella, 8 to Sw.*
CH: *Flutes or Ged. 8.4.*
PED: *Soft 16 and 8*
(or 16 coupled to Swell.)

RÉCIT: Bourdon Flûte Traversiere, Viole de Gambe de 8 P.
(ou Diaposon de 8 P.)
POSITIF: Unda maris et Salicional de 8 P.
G^d ORGUE: Bourdon et Montre (ou Viole de Gambe de 8 P.)
PÉDALE: Soubasse de 16 P. Bourdon et Violoncelle de 8 P.

III
MENUETTO

PREPARE:
{
SWELL: *Full.(Sw. fixed open.)*
GREAT: *16 8 4 & 2 Fᵗ, Trumpet, Clarion,(with*
    Sw. & Ch. coupled.)
CHOIR: *8 & 4 Fᵗ*
PEDAL: *16 & 8 Fᵗ f.*
}

INDICATION DES JEUX:
{
RÉCIT: Grand chœur.(Boîte ouverte)
POSITIF: Fonds de 8, Prestant.
Gᵈ ORGUE: Fonds de 16, 8, 4 et 2 P. Trompette,
    Clairon.(Récit et Pos: accouplés au Gᵈ O.)
PÉDALE: Fonds de 16 et 8 P.(Anches préparées.)
}

IV
FINALE

SW: *Soft 8.*
GT: *Full.*
CH: *Clarinet (or Cor Anglais.)*
PED: *Soft 16, 8 (or 16 to Sw.)*
COUP: *Sw. to Gt., Ch. to Gt.*

RÉCIT: Jeux doux de 8 P.(Trompette, Clairon préparées.)
POSITIF: Clarinette ou Cor Anglais de 8 P. et Bourdon de
8 P. (G^d Choeur préparé.)
G^d ORGUE: Grand choeur (Récit et Positif accoup. au G^d O.)
PÉDALE: Soubasse de 16 P. Bourdon de 8 P.
(Anches préparées.

82   *Fourth Sonata, Op. 61*

84   *Fourth Sonata, Op. 61*

(a) *Or a fancy combination such as Oboe alone with super and sub*
8^{ve} couplers at (a) and a string stop treated similarly at (b).

à mon cher ami Clarence Eddy

5ᵐᵉ SONATE

Op. 80

I
ALLEGRO APPASSIONATO

Solo: Tubas
Sw: Full
Gt: Full
Ch. 16. 8. 4.
Ped. Full
Coup: Gt. to Ped., Sw. to Gt.,
     Sw. to Ch., Ch to Gt.

Récit: Grand choeur
Positif: ff Grand choeur, p Tous les Fonds
Gᵈ Orgue: ff Grand choeur, f Tous les Fonds,
          Récit et Positif accouplés
Pédale: ff Anches, f Tous les Fonds. Tirasse
          du Gᵈ O.

98   *Fifth Sonata, Op. 80*

II
ADAGIO

Sw. V. Cel. 8.
Gt. Small Dp. String. Ged. 8. to Sw.
Ch. Dulciana, 8. to Sw.
Ped. 16. 8.

Récit: Voix céleste et Gambe de 8 P.
(Trompette préparée.)
Pos: Unda Maris et Salicional de 8.
Récit accouplé
Gᵈ Fonds de 8, Récit accouplé.
Ped: Jeux doux de 16 et 8 P.

(ôtez les Fonds et la Tromp. du Récit, mettez Voix humaine, Bourdon de 8, Fl. douce de 4 P. et le Tremblant.)
(*Sw. Diap. & Cornopean in, draw Vox humana, Stop. Diap. 8 F!. Soft 4 F!. Fl. & Tremulant.*)

1.° tempo.

III
SCHERZO

Sw: *Oboe. Ged. Op. Dp. 8 & 4 ft. Fl.*
Gt: *16. 8. 4. f.*
Ch: *Flute 8.4 (or some Solo stop)*
Ped *16. 8. f.*
Coup: *Ped to Gt & Ch*
Sw to Gt. Ch to Gt.

Récit: Fonds de 8 et 4 P. Trompette.
  pp Hautbois-Basson, Bourdon, Fl. 8.
Pos: *pp* Quintaton ou Bourdon de 16 Bourdon
  et Salicional de 8 P. *f* Trompette, Clairon.
G^d O.: *f* Fonds de 16, 8 et 4 P. *ff* G^d Choeur.
  Récit et Pos. accouplés
Ped: *f* Fonds de 16 et 8. *ff* Anches.
  Tirasses du Pos. et du G^d O.

ôtez la Tirasse.
Ped. Uncoupled.

G.O. Anches Pos. et Récit.
(Full Sw.)

Tirasse du G⁴ O.

(*) Ces petites notes ne doivent servir que pour les pédaliers ne montant que jusqu'au *Ré*.

(*) *These small notes onght to be played only upon Pedals which do not go above* D.

IV
RECITATIVO

Sw: 8 F! & Oboe
Ch: Soft 8 F!
Ped: Soft 16 & 8 F!

Récit: Fonds de 8 et Hautbois-Basson de 8 P.
(Trompette préparée)
Pos: Jeux doux de 8 P.
Ped: Jeux doux de 16 et 8 P.

Fifth Sonata, Op. 80 121

V
CHORAL et FUGUE

Solo: Tubas.
Sw: Soft 16, 8 & 4 F! Echo Cornet or soft
  Mixture. (Box closed.)
Gt: 16, 8 & 4 F! Sw. coupled.
Ch: 16, 8 & 4 F!
Pedal: Soft 32, 16 & 8 F!

Récit: Quintaton de 16, Bourdon ou Fl. de 8 P.
  Fl. douce de 4, Plein-jeu doux. Boîte
  fermée. (Anches de 8 préparées)
Pos: Tous les Fonds de 16, 8, 4. (Anches préparées)
Gᵈ O: Tous les Fonds de 16, 8 et 4 P. Récit. et
  Pos. accouplés. (Trompette préparée)
Ped: Jeux doux de 32, 16 et 8 P. (Anches préparées)

126　*Fifth Sonata, Op. 80*

Tirasse du G^d O.
G^t to Ped.

ôtez la Tirasse.
Ped. Uncoupled.

aj. le Plein-jeu.
add Mixture.

ff C.-B. 32.

Anches.
Reeds.

aj. le Clairon.
add Clarion.

END OF EDITION

Fifth Sonata, Op. 80   **135**